I. Pasado Pisado, Presente Viviente, Futuro Sin Muro

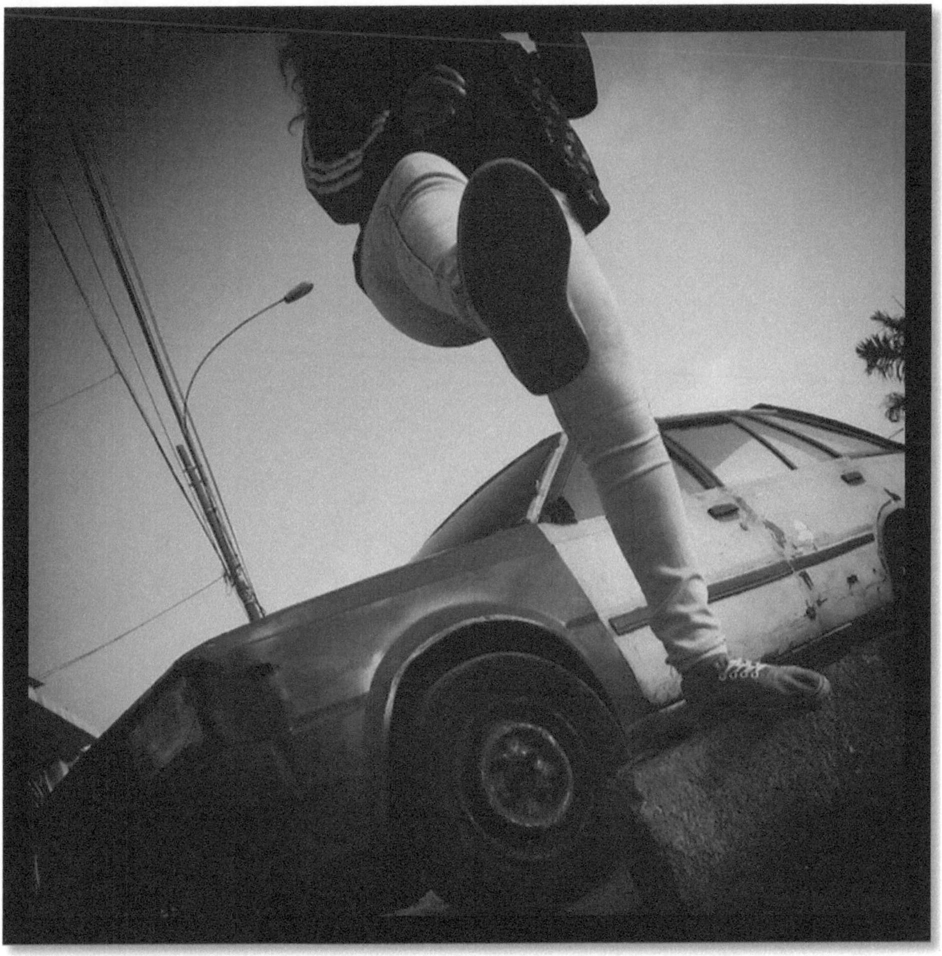

First Printing: <2015>

ISBN < 978-1-329-20900-8>
<Lima>, <Peru>

http://www.mundolibre.org.pe/

El terror de mi vida…

El infierno que iba a empezar…

El sufrimiento de mi madre…

Todo eso empezó a los 8 años; algo que no podré olvidar, es algo que marcó mi vida para siempre. Haber llegado a las drogas, a un mundo sin sentido que creí que no había salida.

Mensaje:

Yo quiero que este libro sea leído por mucha gente, que piensen un poco y se den cuenta que esta es nuestra realidad, la cual pensamos no tiene solución. Eso es mentira y quiero transmitirles mi valentía, que siempre hay una solución, pero tú tienes que ir en busca de ella. Yo la busqué, me costó mucho y sacrifiqué muchas cosas, pero la encontré. Ahora soy mejor persona y con mucho orgullo puedo decir que soy libre de la calle y de la droga.

Dedicatoria:

Este libro se lo dedico a mi madre, para que vea que todo el sufrimiento que le causé, ahora lo estoy recompensando con felicidad.

También se lo dedico a Mundo Libre, un lugar donde me apoyaron y apoyan a chicas con problema de calle y drogas.

Se lo dedico a Melody, quien me ayudó a realizar este libro.

Índice:

Prefacio:

"La mayor gloria no es nunca caer, sino levantarse siempre" –
Nelson Mandela

Yo he tenido el gran placer de no solamente conocer, sino de trabajar junto con una jovencita que ha logrado cambiar que el mundo la tenga en sus manos a que ella tenga el mundo en sus manos. Con un corazón gentil, generoso y curioso, Bellabel sigue adelante con muchas fuerzas a pesar de los obstáculos que se les presenta. Es firme en cumplir sus metas, y tiene las ideas claras en su mente. Esta autobiografía solo es una vislumbre de su gran aventura de vida, y nos da la grande oportunidad de poder ver lo que pasa en las vidas de algunas chicas en situación de las calles de Lima, Perú. Si te gustaría contribuir en el movimiento para ayudar a esta población, averigua más en www.mundolibre.org.pe

Gracias, Bellabel, por dejarme compartir tu historia!

Con cariño,
Melody Mills

Capítulo 1: El Principio

Mi nombre es Bellabel Sol Quispe Lozano. Tengo 17 años. Mi familia no acostumbra decirme por mi nombre, sino que prefería llamarme Chabela. Al comienzo, no me gustaba, pero empecé a aceptarlo. Mi madre se llamaba Rosa María Lozano Oyola, un ejemplo de mujer luchadora que no temía a nada y que hacía todo por sus hijas. Normalmente no me gusta mencionar a mi padre en esta narración de mi vida, pero lo haré porque aunque no formó parte de mí, él fue quien también me dio la vida, Sergio Quispe Vargas. Tengo una hermana menor llamada Mary Cielo Quispe Lozano, ella tiene 16 años y tiene un hijo de 3 años de edad. Esta es mi familia y así comienza mi historia, o capaz llamarla "mi infierno"...

Mi madre es una mujer luchadora que empezó en la calle vendiendo fruta: un lugar donde la gente anda desesperada, donde el paradero y el puente están llenos de gente y los serenazgos botando a los vendedores y quitándoles el único sustento de su casa. Hay un tráfico que parece que nunca va a pasar, donde los choferes tocan las bocinas sin parar y los cobradores llaman a la gente como si fuera un mercado, y hay competencia de los vendedores por vender todo, y mi madre en medio afrontando…esa era nuestra realidad, ese era el mundo el cual iba a iniciar para mi familia, para sacar adelante a sus hijas, ya que mi padre -un hombre cruel que prefirió irse con otra mujer y abandonar a sus dos hijas, las cuales éramos pequeñas, y andábamos descuidadas con los ojos llorosos y al cuidado de diferentes personas, necesitando leche y pañal, Mi madre tenía que hacer dos labores (una de ellas no le correspondía, el ser padre también), conseguir plata para comer y asegurarse que no nos faltara nada.

Fuimos creciendo y empezamos a ayudar a mi mama en el trabajo: ella vendía la fruta en la pista en medio de los carros que corrían sin parar como si fuera una gran carrera, y ella en medio poniendo su vida en riesgo y todo por sus hijas. Yo limpiaba carros al lado izquierdo de la pista en ese inmenso puente donde recuerdo que subía y bajaba con mi hermana, que creíamos que ese puente era ya nuestra propiedad, y así me ganaba unas monedas para ayudar a mi mamá y tener propina para llevar al colegio. Esa vida no fue fácil: mi niñez, en vez de pasarla jugando con mis amigos, la pasaba trabajando y ayudando a mi mamá.

A ella la veía llorar todas las noches: un llanto que parecía no tener consuelo, algo que me partía el alma al verla de esa manera. Salió afuera, y yo la seguía para llorar con ella. Mis ojos rojos, solo mis manos abrazando a mi madre, y diciéndole "todo cambiará, yo creceré y ya no vivirás aquí, seremos diferentes y ya no nos faltará nada". Ella atinaba a dar una sonrisa y me abrazaba más fuerte dándome muchos besos, y yo sintiendo su calor de una madre protectora y luchadora: ella era mi madre, el orgullo y el sentido de mi vida, el gran regalo de Dios. Yo, sin darme cuenta que sufría por la cruel decisión de mi padre de abandonarnos y dejarnos a nuestra suerte, en ese momento no comprendía que mi vida iba a cambiar, que me iba a meter en un rumbo sin escapatoria, un mundo donde solo me destruiría.

Capítulo 2: El Comienzo del Infierno

Cuando tenía 8 años conocí a chicos de mi edad y hasta mayores que tenían un aspecto de vivir en calle, que no tenían familia, andando cochinos algunos y otros con bolsas de caramelos en una mano y una bolsa de terokal: su gran ayuda, su gran droga para soportar la vida que vivían en la calle. Pensando que era una vida libre, sin sufrimiento la que yo iba a empezar, un lugar el cual creía que era vida cuando no lo era, empecé a tener amistad con ellos. Empecé a cantar en los carros y me empezó a gustar. No lo podía dejar: era como la misma droga, sentía que ellos empezaban ya a formar parte de mi vida. Dejé de ir al colegio por encontrarme con ellos e ir a hacer hora (hacer pasatiempo). Empecé a quedarme con ellos hasta tarde, mi madre asustada me buscaba en ese lugar donde había tantos peligros, donde las calles eran todos oscuras, donde la noche los únicos dueños eran los rateros, drogadictos y las prostitutas que paradas en las esquinas brindaban sus servicio….era un territorio perdido sin salida.

Mi madre temía lo peor: que me había pasado algo es lo que toda madre piensa al pasar por esos lugares de espanto que todavía siguen siendo nuestras realidades. Mi madre ya empezaba a ver que yo no estaba yendo por un buen camino y me golpeaba (pensaba mi madre que al hacerlo ya no iría a la calle). La cólera que sentía hacia ella era grande -¿por qué me había golpeado?, eran tantos pensamientos los que venían a mi cabeza en ese momento sin saber qué decidir. Era más fuerte y pensaba que mejor estaría en la calle o que lo mejor era quitarme la vida y así ya no sufriría. En realidad ese pensamiento era egoísta la que sufría era ella con las cosas que empezaba a hacer.

En la calle nadie me iba a decir nada, podía hacer lo que yo quería sin que nadie me golpeara. Decía en mi interior que mi madre me odiaba. Pasaron días y empecé a escaparme: ya no me quedaba hasta tarde sino que ya me quedaba a dormir en la calle con mis amigos que ya empezaban a formar poco a poco parte de mi vida. La primera noche que pasé con ellos era una noche fría donde el viento corría por mi cuerpo sintiendo escalofrió por mi ser, poniéndose mi piel de gallina. En el momento, sentí muchas sensaciones, el miedo se empezaba apoderar de mí, muchas preguntas venían a mi cabeza,

¿Qué hacía ahí? ¿Por qué no estaba en casa? ¿Si mi madre aparece? ¿Dónde pasaré la noche?
Eran preguntas que no me podía responderme en ese momento. La gente pasaba apurada hacia mí alrededor y yo sentada en la vereda junto a ellos sintiendo un temor en mí que no podré olvidar.

Ese fue el día que probé mi primera droga, el terokal, algo que no me obligaron, que yo lo hice por curiosa para ya no sentirme tan confundida y asustada, y sentir lo que ellos sentían. Al ver que otros lo hacían, yo también quería hacerlo. Me empezó a gustar: era una sensación increíble, en ese momento mis miedos se fueron, el viento paró de soplar en el cuerpo, sentí que volaba a otro mundo, un mundo de calma, el lugar perfecto en mí. Eso era el paraíso: sensaciones que producían en mí esa droga, y toda la noche hasta el amanecer fumaba el terokal, el cual lo conseguimos en cualquier lugar sin importar lo que la gente decía. Con unas cuantas bolsas lo preparábamos y empezaba la nueva vida fuera de ti misma alucinando que estabas en otro mundo un lugar sin sufrimiento sin pensar en tus problemas ese era el mundo de las drogas al cual ya empezaba a entrar.

Mi madre me buscó esa noche llorando, echándose la culpa, diciendo "qué es lo que ha hecho mal" y qué error había cometido para que Dios la castigue de esa manera. Mi madre no sabía que su infierno, ese lugar el cual ya se estaba formando parte de mí y de ella donde sin darme cuenta estaba arruinando mi vida, su calvario empezaría. Ya no era una noche la cual me quedaba, eran días, semanas y hasta meses. En realidad, la calle ya era mi casa, ya empezaba a conocer más amigos de otros barrios (lugares), ya sabía que mi madre me buscaba así que me iba a otros sitios. Cada vez que mi madre me buscaba y me encontraba, lloraba, pero yo era fría, no me interesaba el sufrimiento de ella.

Ya era conocida en la comisaría. Los policías me miraban con cara de lástima porque ya sabían en que me estaba metiendo. Me hacían tantas preguntas que no sabía que responder, y mi madre lloraba sin parar y yo sentada mirando a mi alrededor y solo escuchaba decir "déjela, señora, ella ya no tiene solución, ya no llore, no gaste sus lágrimas por una niña rebelde y malcriada, la cual no sabe valorar todo lo que hace por ella. Ya se dará cuenta y esperemos que no sea muy tarde". Nunca olvidaré esas palabras de aquella comandante que le hablaba a mi madre mirándome a los ojos con amargura. No olvidaré esa mirada que clavó hacia mis ojos diciendo todas esas palabras. Aquella comisaría quedaba cerca a mi casa. Todos ahí decían "señora la metemos a un internado donde no va a salir hasta que cumpla 18 años", mi madre lloraba y yo le decía "mama, no me internes, ya no voy a ir a la calle, ya no me escaparé, estaré contigo" era todo lo que le prometía pero no lo cumplía.

Capítulo 3: Enfrentando a mi Pasado

Los años así pasaron, escapándome y regresando a casa por unos días, y de nuevo a la calle, mis cumpleaños los pasaba en calle, y mi madre llorando en casa, rezando a Dios a que no me pasara nada. A los 10 años de edad, fui en busca de mi padre, aquel hombre que me engendró pero nunca me crió, aquel hombre al que le echaba la culpa de estar en la calle, porque cuando lo necesitaba y pasamos por necesidades él no estaba. Una tarde mi madre, con una cara desencajada me dice que ya sabe la dirección de mi padre, que iríamos a verlo y a pedirle que nos dé su apoyo. Yo iba decidida a reclamarle todo, que él era el culpable del infierno por el que empezaba, algo que ya no dependía de mí sino de mi cuerpo que pedía la droga. El feliz porque durante 10 años no tuvo que preocuparse por mantener a nadie. Para él nunca existimos, eso me di cuenta al verle los ojos, una mirada perdida que solo miraba a su alrededor pero nunca a mí. Le importaba tan poco que estuviera llorando, ese momento solo atinaba a poner "peros" y excusarse de todo en ese momento.

Mi cuerpo empezó a temblar, no entendía por qué pero mis ojos cesaron de llorar y me puse más fuerte y solo dije,

"no soy nadie para juzgarte pero en este mundo todo se paga. Escucha esto, señor, todo se paga. Dios tarda pero no se olvida. Algún día necesitaras de mí y te acordarás capaz en ese momento que tienes dos hijas pero yo olvidaré que tengo un padre",

pero él no podía creer todo lo que dije. En ese momento veía esa cara desencajada, la cual también la tenía mi madre, sorprendida por todo lo que había dicho. En mi mirada solo podían ver que el odio se apodera de mí. Lamentablemente me parezco a él. Soy tan idéntica que no podía negar que soy su hija.

A la semana me volví a escapar y ya no iba a los lugares donde mi mama ya sabía mi escondite. Llegué al Centro de Lima, conocí a nuevos amigos, tenía una mejor amiga -mi compinche- con la cual andaba de aquí para allá. Se llamaba María, más conocida como la "chata" María. Ella era increíble, siempre me defendía y no permite que ningún hombre se me acercara si tenía malas intenciones.

Ya empezaba a ingresar a nuevos lugares donde hacían cosas de grandes, donde conocería diferentes drogas:

La Marihuana: una droga que la cual te pone los ojos rojos y jalados, donde todo te causa gracia y sientes tu cuerpo con energía. Eso te produce esa droga.

La Cocaína: una droga que se inyecta en las venas y te hace sentir en otro mundo, un lugar donde tú te sientes libre con ganas de hacer de todo sin vergüenza, esa es la sensación de esta droga.

La Pasta es una droga que al consumirla sientes tu cuerpo que se pone duro, que empiezas a sentir que todo tu cuerpo se adormece poco a poco, y luego te da tanta hambre y sed.

El Mixto: la combinación de marihuana con pasta, la cual

te da el efecto de una combinación de las dos drogas.

Ya empezaban a ser mi alimento, mi consumo, ya empezó a gustarme. Era capaz de todo por tener droga en mi mano. Ya sabía todo lo que producía cada una de las drogas y como podía bajar mi vacilón (consumo). Lo bueno era que no se me hacía difícil conseguirlo: tenía muchas amistades, las cuales me daban gratis sin nada a cambio.

Capítulo 4: El Gran Amor

A los 12 años de edad conocí ahí a un chico del cual me había enamorado, el cual empezaba a formar parte de mi vida (el gran amor). Con él estuve en los buenos momentos y también en los malos, él también se drogaba pero me cuidaba, no le gustaba que consumiera. Él dejaba ese vicio para que yo no lo haga. Él se llamaba Joel, un chico de 15 años, moreno, era un poco más alto que yo, tenía el cabello bien negro con ondas pequeñas, y el color de sus ojos era marrón oscuro y siempre le gustaba usar gorra. Él era así imposible de olvidarlo, venía de una familia que vendía drogas, tenía una madre que estaba en la cárcel por robo y su padre, un hombre que trasladaba droga. *¿En qué familia me estaba metiendo?* Esa era mi gran pregunta, en realidad, me daba miedo pero al estar con él me sentía segura, empecé a vivir otra vida alejada de mi familia, sin importar el sufrimiento de mi madre, ahora Joel era mi mundo. Sin él, no podía vivir: me llegué a enamorar tanto al igual que él, yo era todo para él. Pensamos en tener un hijo, así mi mamá me dejaría en paz, pero esta era la pregunta: ¿qué le voy a dar a mi hijo? Tenía 12 años y él 15, éramos unos mocosos aunque no pensábamos, así lo éramos, unos niños. Esa era nuestra realidad.

Nuestra relación marchaba bien, hasta que una chica que era prostituta, que se vendía en Iquitos… así se llamaba el lugar muchas de las chicas ganaban el dinero fácil en una noche estando parada en una esquina, la realidad de hoy en día -niñas de 8 años a más paradas esperando a que un hombre asqueroso las compre por una noche de placer. Estar en ese lugar y ver a todas esas niñas me daba pena. Tenía una hermana menor que yo y al verlas sentía ver a mi hermana en ese lugar, esa vida creo que no era lo que ellas esperaban, pero la droga las mandó hasta esa realidad. Ellas trabajaban sólo para eso, para su consumo.

Joel se metió con una de ellas una noche de drogas y alcohol y yo los encontré en el cuarto donde vivía con él, puesto que unos dos días antes mi mamá me encontró y me llevó a mi casa y no estuve con él y por eso se empezó a drogarse y tomar. Mi mundo se cayó, me sentía de lo peor, sentí que mi mundo se caía, en ese momento lo único que hice fue salir de ese lugar y correr llorando desesperada sin rumbo. No me importaba lo que la gente dijera, si estaba loca ya nada importaba, lo único que quería era morirme. Joel me seguía, corría detrás de mí porque él temía que hiciera una locura, pero yo estaba perdida en mí. Si él era todo lo que tenía y me interesaba, ¿por qué me pago así? ¿por qué lo había hecho?, era en lo que pensaba. Lo desvié para que no me encuentre y encontré en el camino a mi amiga y hermana como yo la considero, Chantal. Estuvo conmigo, no me dejó por nada del mundo, ella lloró conmigo y me decía "nunca llores por un hombre". En realidad lloraba de cólera porque decía que me amaba y yo le creía, desde ese día empecé a tomar, a drogarme más y más, no paraba, mi amiga estaba a mi lado y me cuidaba y me decía "ya para, no más, te estás haciendo más daño, es lo único que le escuchaba".

Capítulo 5: La Gran Decisión de Una Vida Renovada

Tomé una decisión y sé que era la correcta. Quería cambiar mi vida. Ya no más calle, ya no más sufrimiento para mí y mi madre. Una noche cuando estaba más tranquila y con la cabeza fría decidí ir a hacer hora con mis amigos. Sentí que esa noche iba a ser genial. Me sentí rara. Traté de caminar lo más rápido y me senté en el parque y seguí pensando, pensaba mucho en la decisión que estaba por tomar. "¿Qué sería de mí después de eso? Ya no vería a mis amigos." En ese momento llegó la duda de hacerlo o no.

Dios es tan grande que de repente aparecieron unos voluntarios de la calle. Ellos llegaban de noche, aparecían con una gran sonrisa en la cara. Era nuestra ayuda para no consumir porque cuando ellos venían solo nos dedicábamos a jugar. Eran dos asociaciones: INABIF y Niños del Río. Venían siempre bien uniformados con unos chalecos rojos que decía "educadores" de calle y traían juegos para pasar el tiempo, era muy divertido. Le conté de mi decisión a uno de los encargados de la asociación y decidió ayudarme. Ya estaba decidida: no quería cambiar de opinión. Me hablaron de un centro llamado "Rayito de Luz" al cual no llegué a ir porque mi madre me volvió a encontrar y me llevó de nuevo a casa.

Le comenté de la decisión que quería tomar, que quería cambiar mi vida, que ya no quería que sufra pero no me tomó interés: estaba tan preocupada, tan mal que me dio mucha pena, sentía que yo era la culpable de todo. Pero en realidad lo era, todo lo que le pasaba era mi culpa, yo era la mala hija, la que no tenía sentimiento, la que no la supo valorar. Me sentía de lo peor.

Mas mi decisión de realizar un cambio rotundo estaba decidida y nadie podía sacarla de mi cabeza. Ese día me escapé de mi casa y en el camino me encontré con una amiga. Le comenté que quería ir a un internado a cambiar mi vida y ella me dijo que conocía un lugar que era bonito y que cada mes salía de paseo. Ese detalle me interesó y le propuse que vayamos a internarnos. Decidimos ese día trabajar en los carros cantando para así poder comprar cosas para comer en aquel lugar. Ella me comentó que todas las chicas tenían reforzadores que su familia le llevaba pero nosotros no teníamos familia en ese momento, porque nosotras decidimos ir y no le comentamos a nadie, así que compramos reforzadores y fuimos a ese lugar. Al cambio a nuestro nuevo mundo, decidida a dejar mí infierno atrás.

Capítulo 6: El Ingreso a Una Vida Nueva

El Viernes 20 de Julio del 2010 esa fecha no la olvidaré fue una fecha cuando tomé una decisión que cambiaría mi mundo y mi vida y me alejaría de la oscuridad en la que había caído. Llegué a MUNDO LIBRE, un mundo libre de Drogas, Violencia, Sexo y Robo, así empezó mi nueva vida...

Llegué a aquel lugar decidida a quedarme a empezar una nueva vida. Cuando mi amiga tocó el timbre mi cuerpo se sentía emocionado. Fue una sensación muy agradable, en el momento brotó una sonrisa de mí. Mi decisión estaba tomada y no quería volver atrás, no quería. Abrieron la puerta y nos vieron, fue una señorita con cabello corto hasta el hombro, los ojos redondos y una sonrisa muy agradable. En ese momento me sentía protegida. Tenía una mirada muy confiable, no olvido su nombre hasta ahora, se llamaba Cynthia. Era practicante de trabajo social, a mi amiga la saludo con un fuerte abrazo de bienvenida. Nos invitó a pasar y nos dijo que nos sentemos a esperar.

El lugar se sentía fresco, era una casa normal de dos pisos, había una escalera que permitía subir al segundo piso y apreciar lo que había dentro, y yo me moría de curiosidad por saber cómo era por dentro y conocer a las chicas que vivían ahí. También había un gato muy lindo, era color plomo que pasó por nuestra frente y sentí que también me daba la bienvenida con un miau. Era genial la sensación que sentía, el aire y el ambiente eran perfectos.

Luego volvió a bajar la señorita y nos hizo subir por esa escalera que tanto quería subir. Subí con una gran sonrisa en la cara, al llegar al segundo piso sentí un ambiente un poco más cálido. Nos hallábamos en un salón de repostería, la señorita nos explicó que era uno de los talleres y dije dentro de mí ¿hay talleres? Eso era nuevo para mí.

Al voltear mi mirada así, otra puerta que se encontraba hacia mi derecho, entraba una señorita gordita que tenía una mirada muy creída al mi parecer. Esa fue mi primera impresión. La señorita Cynthia la saludo, y nos presentó diciendo "son nuevas ingresantes, Carolina". Entonces empecé a creanear y dije "se llama Carolina", y como se ponía el mandil supuse que era la profesora que enseñaba repostería.

Caminamos directo a la puerta, y entramos a un lugar pequeño donde había un lavadero y unas cuantas lavadoras y en la parte del techo como rejas azules formando unos grandes cuadrados. Entramos por otra puerta y escuchamos bulla en la parte de abajo, y ahí estaban ellas, las chicas que se ponían a jugar liga, no lo olvidaré. Di una mirada tan rápida y las observé. Estaban felices y esa sensación contagiaba. Yo también quería bajar a jugar, parecían niñas. Al pasar dieron la vuelta y me miraron algunas con alegría y otras con nada de simpatía, pero bueno, ya me sentía en casa. La señorita me llamó y me dijo "por aquí, reina, pasa" y pasamos por un lugar angosto. Ahí quedaba la dirección de trabajo social, la gran oficina (bueno, en realidad era pequeña). Había una computadora al lado derecho del escritorio. La delegada, como así le llamaban a la practicante que nos recibió, la delegada Gloria era una señora con cabello corto y una mirada muy tierna. Esa mirada me daba mucha confianza. En el lugar me encontraba en un momento de suspenso, no sabía qué me iba a decir. Lo primero que dijo fue "señorita Sofía, ¿qué la trae por acá? Mi amiga se quedó callada y solo sonrió. La señorita Gloria la vio a los ojos y le sigue a la señorita Carolina. Le dijo a su practicante "llévala a educadores y que la revisen por favor" y ella se fue. Me sentía nerviosa, no sabía qué hacer. Se paró la señorita, cerró la puerta y me dijo:

- ¿Cuál es tu nombre?

- Bellabel

-Dime tu nombre completo

- Bellabel Quispe Lozano

- Bueno, Bellabel, ¿a qué has venido?

- A cambiar, a quedarme, ya no quiero estar en la calle

- Bueno, seré sincera contigo: tu madre ha llamado y ella te está
buscando y la hemos llamado ahora para decirle que estás aquí. Sí,
ella más tarde está viniendo

No sabía que decir, en ese momento me sentía desencajada, no podía hablar en ese momento, se me hacia todo difícil. Agaché la mirada y permanecimos calladas las dos un buen rato, hasta que la señorita dijo "esperaras a tu mama aquí, de ahí vemos si te quedas". No respondí con la boca pero moví mi cuello afirmando que haríamos eso.

Pasó el tiempo, sentía cómo el reloj sonaba "tic tac". No lo podía evitar escuchar. La hora pasaba cada vez más rápido, las señoritas ya se iban y no venía mi mamá. En ese momento, pedía que no viniera. Eran tantas las ganas de quedarme y presentía que arruinaría todo.

Me llevaron a un lugar. Era la oficina de las educadoras, ellas eran las señoritas que cuidaban a las chicas. Al entrar me presentaron a una señora bajita que tenía los ojos redondos, el cabello lo tenía hasta los hombros y era pintado de un color rojizo, con rayitos color rubio. Me saludó con una agradable sonrisa diciendo "estoy feliz, una niña que quiera cambiar su vida. También te felicito, princesa, por esta decisión". De inmediato me dijo "cuál es tu nombre", y yo le respondí "Bellabel". Aquel lugar donde me encontraba era un lugar pequeño, casi toda la mayoría de lugares de ahí eran pequeños, pero este tenía algo que me llamaba la atención mucho, era algo así como un armario que tenía todo los implementos de aseo y tenía una mesa donde habían muchos folders que decían muchas cosas raras, que no entendía, pero en fin, la señorita practicante de trabajo social fue la que me llevó a los educadores, y ya se tenía que ir, y le di un fuerte abrazo.

Después de estar en educadoras conversando e intercambiando miradas con la educadora Akira – así se llamaba la señorita que era pequeña pero muy divertida- me dijo "párate Bellabel, bajemos abajo que tus compañeras ahí están, hasta que venga tu mama". Al bajar las escaleras me encontraba muy emocionada y también preocupada. ¿Qué es lo que iba a pasar cuando venga mi madre? No sabía. Al bajar la escalera, estaban reunidas todas en el comedor haciendo un círculo, sentadas en unas sillas de color azul y había una educadora haciendo esta reunión. Se llamaba Violeta, era una mujer alta, cabello negro, que le llegaba al hombro. Ellas estaban haciendo el cierre del día, no entendía pero me lo comentó en susurros la educadora. Ya me hacía amiga de ella, me sentía a gusto al hablar con ella.

Después de un rato que escuchaba cómo cada chica decía qué es lo que le pasó de bueno y también lo malo durante todo su día, me llamaba mucho la atención dos chicas en especial: las dos eran gemelas, eran morenas, hablé con una de ellas – se llamaba Ximena, y la otra Xiomara, pero Ximena me prestó esa noche su chompa porque tenía mucho frío. Fue genial, ya me había hecho amiga de alguien pero no sabía si me quedaría pues mi mamá todavía no venía. Me sentía tan desesperada, tocaron el timbre y ya sentía que era mi mamá. La educadora Akira fue a abrir la puerta, y sí era mi mamá. La educadora vino a avisarme "acaba de llegar tu mamá, vamos", y salí afuera.

En realidad, no quería irme de allí, ahí me sentía segura, no sé por qué lo sentía pero quería quedarme. Mi mamá no vino sola, vino con mi tía Selena, una señora agarrada, con la cara redonda. Tenía una mirada clavada con un lunar en la nariz, a la cual casi todos mis primos le tenían miedo porque es una persona muy violenta. Yo lloraba, le decía a la señorita Akira que no me quería ir, que si me iba, mi mamá me iba a golpear, entonces la señorita Akira le dijo que no me pegara porque si no, ella la denunciaba, y yo le dije a mi mamá "yo me quiero quedar", y como estaba en ese momento mi tía, habló y dijo que ese lugar no estaba autorizado por ser un internado y que si no me dejaban ir iba a traer a la policía y a la prensa. Entonces la señorita Akira le dijo "señora, ¿para qué va a hacer escándalo? Ahí está la pequeña, nadie ha dicho que se va a quedar, eso usted lo autoriza. Bueno, si usted desea que la niña se interne viene el día lunes que se encuentra la trabajadora social y ahí habla con ella."

Y nos fuimos, ese día nos retiramos a casa, yo con cólera pues así que en ese momento decidí algo: que si ella no quería que me interne entonces me volvería a escapar. Eso iba a hacer. Yo si quería internarme y cambiar, pero mi propia madre no quería apoyarme. Pasaron las semanas y me escapé de casa de nuevo y regresé a la calle, y volví a ver a Joel, el chico del que me había enamorado. Estaba ahí en frente de mí pidiéndome que quería hablar conmigo, y yo solo diciéndole que no le quería oír, y que no lo iba a hacer porque aunque yo lo amo no lo perdonaría por todo lo que me había hecho. Él no se merece ni una oportunidad, pero la realidad era otra, yo lo extrañaba y mucho había formado parte de mi vida. En ese momento que él lloraba y me decía que me amaba, que no quería perderme, lo abracé fuerte y lo besé y le perdoné. Mi amor por él fue más fuerte que mi orgullo.

Esa noche la pasamos juntos, muy abrazados, hablando de muchas cosas interesantes para los dos, y luego le comenté el tema de que me quería internar en Mundo Libre y quisiera cambiar mi vida, y ya no seguir viviendo en la calle, que ya era una decisión que nadie iba a cambiar, y que no iba a dar un paso atrás. Él me miró fijamente a los ojos y me dijo que me amaba y que me iba a esperar, y que él también iba a pensar si internarse. Me dio muchos besos, ya estaba decidida que al día siguiente me iba ir a mi casa para que me fuera con mi mamá a internarme, pero si ella no quería yo iría sola, pero ya era una decisión. Ese día la pasé todo el día con él, fuimos a pasear y a comer, fue el día más hermoso de mi vida, que nunca podré olvidar.

Me despedí de él y fuí a mi casa y encontré a mi mamá, y ella me dijo "tú ganaste, vamos a ese lugar. Ya no sé qué hacer contigo, esta es mi única solución. Te internaré ahí". Yo estaba feliz porque es lo que yo quería, al día siguiente fuimos a mi cambio: Mundo Libre, un mundo sin droga.

Capítulo 7: La Oportunidad Que Esperaba

El lunes 27 de setiembre del 2010 fue una fecha muy significativa para mí. ¡Fue el día que iba a regresar a ese lugar a empezar un cambio, una nueva vida!

Me sentía increíble, hasta mi mamá se sorprendió al ver la felicidad que se veía en mi cara. Toqué el timbre con una impaciencia. Salió la señorita Carolina y nos hizo subir a su oficina. Seguía feliz, no lo podía creer: iba a estar 2 años y en mis pensamientos decía "no es mucho", además también salen de permiso. No creo hacerme problema, solo sonreía. La señorita nos hizo firmar unos papeles a mí y a mi madre que se le veía en la cara no estar tan segura de la decisión que estaba tomando. La señorita le dijo que trajera mi ropa y que iba a haber reuniones. Si me quedaba en Mundo Libro, mi mamá también se comprometería con el Instituto. Tendría que ser mi apoyo y mi madre estaba ahí conmigo sin dudarlo dos veces.

Bajé las escaleras acompañada de la señorita y no pude despedirme de mi mamá, pero sabía que ella vendría a visitarme y también traería mis cosas. Al bajar recordé el primer día que vine, cuando las chicas dejaron de jugar para ver quien había venido y me miraban con gran asombro. En ese mismo momento sentí una adrenalina como lo sentía la primera vez, fue algo inesperado pero grandioso. Sentir cómo me ponía nerviosa, si embargo, estaba feliz. Fue extraño, hasta hoy no logro entender lo que sentía en ese momento, es inexplicable.

Llegué al primer piso y vi como todas estaban sentadas en una esquina. Había un gran grupo de seis chicas que empezaban a reír sin parar y otras peinándose o jugando liga. Era tanta su felicidad que veía ahí reflejada una infancia que hubiese querido tenerla con mis amigos de cuadra. En ese momento escuche una voz de lo lejos que dijo "Tú de nuevo, la pequeña que no quería irse y lloraba sin parar". Miré que alguien se aproximaba a mí y me abrazaba fuerte. Era la señorita Akira, la educadora pequeña con una sonrisa grandota.

Ella me volvió a recibir y me sentía feliz al verla. Converse buen rato con la educadora, me preguntaba muchas cosas y yo le contaba todo al detalle. Me parecía una persona muy confiable y poseía una palabra en peculiar que no podré olvidar: compinche, es decir, cómplice. Era genial, ella y yo seríamos compinches desde ese día. Me iba apoyar en todo lo que yo necesitaría y que contaría con ella si me faltaba algo. Era sorprendente cómo me gané su cariño. Normalmente hay algo que me sorprende mucho: cómo las chicas llegan a tener tanto aprecio a esas mujeres que nos cuidaban y sabían casi todo de nosotras y que su tiempo casi la pasaban ahí con nosotras.

Cada día ahí conocía a todos los que llegarían a formar parte de mi vida, de mi nuevo mundo. Conocí a una señorita rellenita con el cabello ondeado y los ojos muy lindos de color claros, una mirada tierna de ser una persona muy amable. Era la psicóloga se llamaba Joselyn. Ella era una mujer increíble que al conversar se notaba su seguridad y con su mirada de ángel sentía que no estaba sola, que Dios estaba conmigo y que nunca me iba abandonar. Eran tantas cosas que sentía en el corazón y en mi mente que cuando hablaba con ella lloraba sin parar. Sentía dolor por lo que pase y también felicidad porque ya estaba en Mundo Libre. No es fácil haber vivido esa vida, te lo podré contar, pero experimentarlo es diferente que escucharlo, es algo que marca tu vida hasta que mueras.

La señora de la cocina tenía una gran sazón. Su comida era magnífica en la cocina en serio. Ella era Mónica, una mujer de edad con cabello pegado y corto tipo de un hombre, gordita, alta y tenía una mirada de malvada; pero no era diferente. Como dicen, las apariencias engañan y hay que conocer a las personas para valorarlas.

Capítulo 8: Habituándome a mi Nueva Vida

Las chicas no eran nada tranquilas, recordemos que somos de la calle, tenemos otras costumbres y esta nueva vida sin drogas es difícil. Era difícil ver cómo algunas de mis hermanas se iban a su casa o algunas se escapaban. Y al no verlas más por el instituto me hacía sentir triste. Éramos 23 chicas en total, 6 educadoras, una cocinera, una psicóloga con tres practicantes, una trabajadora social con dos practicantes, 5 profesoras de talleres: computación, costura, choco tejas, repostería, manualidades, danza, bijoutería, tejido y muchos voluntarios en su mayoría extranjeros. Ellos también hacían sus talleres, era muy divertido compartir momentos con ellos.

Era amiga de todas las chicas aunque casi siempre tenía que pelear con alguna de ellas. Yo era muy fosforito como me dicen algunas de las educadoras, me encendía muy rápido y quería pelearme como si estuviera en la calle. Normalmente, así se resuelven las cosas en la calle, es un mundo donde todo vale si quieres que nadie se meta contigo. Para que te tengan miedo y te respeten, se emplea la fuerza.

Al principio, era una persona tranquila, un pan de Dios. Creo que todas las chicas inician así porque no conocen a nadie. Pasaron los días y semanas y empezaba a relajarme o, como dicen, a sacar mi verdadero yo. No quería hacer mis terapias, deseaba irme de allí. En realidad, comencé a extrañar la calle y mi cuerpo me pedía droga, mi comportamiento se tornó terrible, no me reconocía. La abstinencia me mataba. Recuerdo que me medicaron, consumía una pastilla que tenía el efecto de producirme sueño y sentía que mi cabeza me daba vueltas y poco a poco cerraba los ojos. Al despertarme me encontraba echada en mi cama, no sabía cómo había llegado. No me acordaba nada de lo que me había pasado. No sabía dónde estaba y al levantarme de mi cama no podía hacerlo. Mi cuerpo se balanceaba de un lado al otro sin poder caminar. Parecía borracha.

Desde ese día mis ansias de consumir droga, las cambié por mucha comida y subí de peso. La ropa ya no me quedaba, me veía irreconocible. En los 5 meses que estaba en Mundo Libre, las reglas no me gustaban. Así como te premiaban por portarte bien, también te castigaban quitándote beneficios o asignándote tareas por portarte mal. Para saber si te estas portando mal o bien, hay un registro conductual usados por las educadoras y ellas registraban los puntos. Punto rojo significaba que hiciste algo grave y esos no se borran. Los puntos azules lo podías borrar con puntos verdes que son puntos por buena acción. Era preocupante porque sabías que si infringías las reglas tenías en el registro el punto que te mereces.

Asimismo, todas las chicas tenían diferentes tiempos en Mundo Libre, algunas eran antiguas y otras nuevas. Había un proceso así ellas saben si estaban mejorando mediante las fases, las cuales yo los entendía así:

Acogida 1 es donde se encuentran las chicas que recién están empezando su tratamiento.

Acogida 2 es donde las chicas van dando un nuevo paso a su tratamiento.

PreComunidad 1 es donde las chicas ya pueden tener algunos beneficios como tener aretes y mp3.

PreComunidad 2 es donde las chicas ya están preparándose para un rencuentro con la sociedad.

Comunidad es cuando la chica ya comparte más tiempo con la familia y empieza su preparación para ir a su casa.

Reinserción es cuando culminas tu tratamiento y estás preparada para afrontar todos tus temores en la calle, donde muchas pensamos que no había escapatoria.

Capítulo 9: La Decisión Equivocada

Yo me encontraba en la fase Acogida 2, estaba preparándome para ir al colegio y estaba feliz, pero, tomé una mala decisión de mi parte que acabó con la ilusión de seguir progresando. Me escapé del hospital el 24 de marzo de 2011, me habían llevado a revisarme con una chica más, llamada Rayda y me fui con ella. La chica era nueva en Mundo Libre. No le tomé importancia a las consecuencias y escapamos juntas sin pensarlo dos veces y corrimos.

Yo me encontraba asustada porque la enfermera de Mundo Libre nos podía encontrar. Corrimos y corrimos sin parar, me sentía asustada y nerviosa, mi cuerpo temblaba y mucho cuando llegue al centro de Lima donde se encontraban mis amigos me separe de Rayda, la deje. Me fui al cuarto de mi amiga del alma, Felicita me abrió la puerta y se sorprendió al verme. Me abrazó y me preguntó "¿No estabas en un internado?" y le dije que me escapé. En aquel momento me sentía feliz porque volvía a ver a mi amiga y me sorprendí al verla embarazada, tenía siete meses. Le abracé.

Llegó la noche y encontré a Joel, mi gran amor, quien dijo que me esperaría y estaba jugando como siempre partido con los profesores de la calle y algunos extranjeros. Fue algo increíble, lo vi de lejos y él volteó para verme, yo no lo podía creer. Lo veía en sus ojos fue un momento inexplicable. El aire pasaba a cada momento golpeando mi corazón y mi cuerpo temblando de emoción, él dejó la pelota y corrió hacia mí abrazándome y dándome muchos besos me cargo y me dijo: "Amor te he extrañado mucho, sabía que vendrías a verme. ¿Cómo estás? ¿Qué tal tu cambio? y Felicita le contó que me había escapado. Él cambió su cara de felicidad a preocupado y me dijo, "¿Es verdad?" y le dije "Si amor, te extrañaba mucho en verdad". Entonces, me besó y me dijo "Yo te voy a esperar tenlo presente amor, pero regresa allá. Es lo mejor para ti, la calle está dura en verdad, hay varios que están en la cárcel."

Y nos fuimos a dormir juntos. Esa noche fue muy linda para mí. No dijimos nada solo estábamos abrazados muy fuertes, no queríamos separarnos para nada. Al amanecer desperté con él a mi lado agarrándome de la mano sin querer soltarme. En realidad no quería que nos separemos solo decía si ya te vas a ir quédate conmigo hoy como una despedida por favor amor y yo le dije que ya. Un día entero la pase con él y al día siguiente me iría a mi casa a ver que había pasado en casa y como se encontraba mi madre. Ahí fue que me di cuenta que lo que había prometido a mi mamá no lo estaba cumpliendo.

Sinceramente, no sabía qué había hecho, quería retroceder el tiempo y volver a Mundo Libre. Me sentía mal, no entendía por qué me había escapado. En realidad extrañaba a Joel pero no me había escapado por él, lo hice porque me dejé llevar por una chica, esa era la verdad. Fue una decisión que tomé sin pensarlo dos veces.

Me despedí de él con lágrimas porque en realidad no sabía qué hacer. Quería ir a Mundo Libre a cambiar. Llamé a mi madre y le dije que iría a su trabajo. Tomé otro carro hacia el lugar donde mi mamá vendía fruta, me demoré cuarenta y cinco minutos. Al llegar mi mamá me abrazó muy fuerte diciéndome: ¿Por qué lo haces? ¿Por qué no me valoras? Lloramos juntas y le pedí perdón. También le dije que quería cambiar y que por eso estaba ahí para ir mañana a Mundo Libre. Solo sonrió y me dijo, "esta es otra oportunidad que Dios te da, valóralo. Él es grande y te protege aunque no quieras creerlo." Yo lo creía, sabía que Dios hacía muchas cosas para darme cuenta de que estaba mal y me mostraba el camino que debía seguir: mi camino era Mundo Libre.

Capítulo 10: El Esfuerzo es lo Único Que te Dará Lo Que Deseas

El 28 de marzo del 2011 fue mi regreso al Instituto Mundo Libre, la gran oportunidad que Dios me había dado, la gran entrada a un mundo sin calle y sin drogas que era lo más importante para vivir. Regresé sabiendo que iba a empezar de nuevo, que iba a empezar una preparación, un entrenamiento para la batalla que me esperaría afuera en la calle. Mi lucha contra las drogas y la perdición. Yo viví en ella y las personas que son importantes para mí siguen en ese mundo creyendo que no hay salida con una gran venda en los ojos.

Empecé de cero en mi tratamiento y poco a poco con ayuda de las señoritas que eran profesionales y sabían sobre las drogas nos atendían en las terapias. Gracias a ellas me di cuenta que todo ese mundo destruyó muchos de mis sueños y anhelos. Pensé que no había salida pero poco a poco uno va mirando que esa puerta que está cerrada se abre y damos pequeños pasos hacia la salida. Eso es el tratamiento en Mundo Libre, los pequeños pasos que das hacia esa gran salida donde tendrás que afrontar la realidad.

Pasaron ocho meses después de mi regreso y llegué a la fase de Comunidad. El proceso no fue fácil, pero lo estaba logrando, mi cambio se empezaba a notar en mi manera de ser. Me faltaban cosas que pulir, pero lo estaba logrando.

Esto no dependía de Mundo Libre si no de mí misma. Eso yo lo tenía claro totalmente. Mi madre tomó una decisión: sacarme del instituto para ir a estudiar afuera y me preguntó: "¿Estás preparada Bellabel?" y yo le respondí que sí, quería salir y retomar mi vida normal como si no hubiera pasado nada. Todos estaban tristes, mis hermanas (chicas de mundo libre) y mis madres (las educadoras). Yo estaba decidida deseaba estudiar. Gran parte de mi vida la había pasado ahí entre los 12 años para cumplir 13 años y me estaba yendo a los 14 años. Pasé mis navidades y los años nuevos en Mundo Libre. Ahí recibí el año 2011 y 2012 fue un lugar maravilloso y estaré agradecida siempre. Las personas pensarán que exagero pero, no. Ese lugar ha cambiado muchas vidas y ha rescatado a niñas y niños de la calle con el problema de consumo de drogas.

Me fui a casa con mi mamá, me fui triste porque extrañaba Mundo Libre y también extrañaba a mi familia y la oportunidad que mi madre me había dado era grandiosa. Era un paso más para mi vida estar de nuevo con mi familia, estudiar en un colegio, dialogar con otro tipo de gente. Era nuevo, estaba empezando una nueva vida. Me fui a vivir a la casa de mi tío, estudiaba en un colegio particular con mis primos. Empezaba mí primero de secundaria y al ingresar ya tenía muchos amigos de diferentes salones y estudié mucho y tenía muy buenas calificaciones. ¡Obtuve el segundo lugar! Increíblemente le ponía mucho empeño para que mi madre se sienta orgullosa. Ella estaba feliz cada vez que le enseñaba mi libreta.

Fue un año que la pasé con mi mama y mi familia. Al ver a mi hermana embarazada, recordé cómo nos enteramos de la noticia: un día de visitas en Mundo Libre, mi mama vino a visitarme y me contó que mi papa vendría a sacarme de permiso en Navidad. Bueno, normalmente en Navidad, en Mundo Libre, las chicas que tienen buen comportamiento tienen el privilegio de salir en Navidad, entonces mi madre me dio la noticia, así que le dije que está bien, mi primera Navidad con mi padre, "vamos, ¿cómo la paso, no?", y llegó el día y mi padre vino a sacarme de permiso y nos fuimos a su casa. Comimos en la noche pavo, mi hermana estaba ahí, le agarró su rebeldía y decidió venir a vivir con mi padre, así que nadie podía decirle nada. La Navidad la pasé con mi papá y su familia y mi hermana. Al día siguiente, la esposa de mi padre me dijo que sospechaba que mi hermana estaba embarazada, porque normalmente paraba durmiendo en su cuarto y no quiere salir de ahí, entonces mi papá me pidió que llamara a mi mamá para comentar lo que pensaban, así que lo hice. Llamé a mi madre, y le dije que mi papá quería hablar con ella sobre mi hermana. Pasaron una hora y media y mi mamá tocó la puerta y entró.

Estuvieron hablando con mi hermana y le hicieron la pregunta que tanto quería escuchar, la respuesta que iba a dar: ¿estás embarazada? Ella se negaba decía que no, entonces mi madrastra tomó una decisión, "compremos una prueba de embarazo", y ella se puso a llorar y dijo "sí, estoy embarazada", entonces igual decidieron comprar la prueba de embarazo y la única solución que dijo mi padre fue "llevémosla a la casa del hombre y dejarla ahí". Qué se creía él, si no tenía derecho a tomar decisiones, era nuestro padre pero él nunca estuvo con nosotras. Yo pensaba en ese momento todo eso, no entendía por qué querían hacer eso, fue un día que no podré olvidar.

Algo estaba pasando conmigo. Ya culminaba el año escolar y mi mama regreso a mi casa y me encontró con algunos amigos de la calle que me los encontraba en los carros como yo tenía que hacer un viaje largo hasta mi colegio y ellas seguían trabajando en el carro entonces me encontraba con ellas. En realidad creo no haber estado preparada para eso porque al estar en la casa de mi tío no salía mucho y era difícil volver a ver a mis ex amistades. Eso mi mama no lo entendía y así que por eso discutíamos y la situación se me empezaba a poner difícil.

La única idea que venía a mi cabeza era, mejor me voy a la calle, me quede pensativa un momento y recordé algo que me dijeron antes de irme de mundo libre: "Si tienes algún problema ven aquí a mundo libre, es tu casa porque yo presiento en mí que hay algo que te falta y que no has tomado en cuenta y sé que recaerás. Pero espero estar equivocada y que te vaya todo bien". Empezó a venir ese recuerdo tan claro de sus palabras que decidí regresar a Mundo Libre.

Capítulo 11: La Insistencia de Tener Nueva Vida Depende De Ti

Un 18 de noviembre del 2012 regresé a Mundo Libre por mí misma, sabiendo que era necesario porque aún no estaba preparada para estar afuera en la calle. Ingresé, hablé con la señorita trabajadora social y le pedí que me dejara quedarme. Ella me dijo, "Pero estas estudiando, ¿Cómo hacemos con tus estudios?". Yo le respondí que iba a continuar estudiando. Y me dieron la confianza. También me dijeron que si realmente yo quería terminar mi tratamiento, ellos me darían el pasaje para ir al colegio y terminar la secundaria. Todo dependía de mí y yo estaba dispuesta a hacerlo y empecé ir al colegio y regresaba a Mundo Libre y así era mi rutina diaria hasta que llegó mi cumpleaños. Cumplía 15 años, no lo podía creer. En realidad fui al colegio y todo el mundo me saludó por mi cumpleaños, todos esos amigos que no podré olvidarlos, que me dieron su apoyo y su amistad sabiendo todo.

En Mundo Libre me esperaban todas mis hermanas y las señoritas, pero yo llegué tarde porque la pasé con mis amigos del colegio y mi tutor Víctor. Cómo olvidarlo, era un profesor con carácter fuerte, con una cara seria, muy seria diría yo, pero era bueno cuando hacía su broma. Era genial, se reía sin parar. Era pequeño, con poco cabello, y tenía un corte militar. Así era el profe.

Mi madre me espera sentada en la banca que se encontraba al ingresar a la puerta. Me dio un fuerte abrazo y me dijo "feliz cumpleaños, hija", y mi hermana hizo lo mismo con todo su cariño, y mi madre me comentó que mi padre había llamado. No lo podía creer, en realidad nunca me llamaba en mis cumpleaños, y no sabía cuándo era, en verdad era algo sorprendente.

Terminé mis estudios en aquel colegio. Me esforcé mucho para llegar al 3er puesto. En Mundo Libre retomé mi tratamiento desde el principio: Acogida 1. Llegó marzo y obtuve el 2do lugar a nivel de mi salón. Yo nunca imaginé llegar a tal puesto pero lo logré!

También iba avanzando con mi tratamiento, estoy tan agradecida con los voluntarios que me ayudaban con mi tarea y el tiempo que tenían para llevarme al colegio. Recuerdo cuando una vez que un día, un voluntario alemán muy guapo alto, rubio, con los ojos verdes, me llevó al colegio y todo el mundo se alborotaba al verlo. Cuando entré a mi salón nadie me hablaba y como vieron que venía con un extranjero todas querían ser mis amigas porque les dije que era mi primo. Muy gracioso en realidad, como dirían, no era amor al chancho sino al chicharrón.

Recuerdo también una experiencia muy triste: Joel, el amor de mi vida, quien me estaba esperando, murió por culpa del vicio de la droga. Eso fue doloroso. Me enteré de la noticia un día que salí de permiso. Regresé a Mundo Libre a pesar de que me enteré de su muerte. Fui a su velorio, ahí estaba su madre, me abrazó y me dijo no lo tuve ni una semana y se me murió y yo lloraba desconsolada. No lo podía creer, no sabía qué hacer. Mi mundo se cayó por completo. No quería alejarme de él, no quería. Toda la gente intentaba calmarme. Él tenía sueños, él quería ser diferente, pero no dejó el vicio. Llegué a Mundo Libre sin asimilar lo que había sucedido. Gracias a Mundo Libre también supe superar esa pérdida y continuar con mi tratamiento. Las primeras semanas estaba mal, no quería ni comer ni hacer nada, sentía que mi vida no tenía sentido pero supe afrontarlo, aunque los recuerdos vienen y algunas lágrimas, son solo de recuerdo.

Capítulo 12: Mi Cosecha Ahora da Frutos

Terminé el colegio y también estaba acabando mi tratamiento en Mundo Libre. Cumplí un año ahí y llegué a reinserción, la última etapa de mi tratamiento. Estaba feliz, no podía creerlo. Llegué a mi meta ahora solo tocaba salir, tomar todo lo aprendido y practicarlo afuera.

Mi ceremonia de reinserción se realizó en marzo. Fue un día muy inquietante para mí, no sabía qué decir y cómo agradecer a Mundo Libre por todas las cosas que habían hecho por mí. Las palabras que tenía que dar. Ese día la celebración fue con mis tres hermanas de convivencia y de tratamiento de las drogas. No lo podía imaginar, acabé mi tratamiento. Mis hermanas dieron sus palabras hacia nosotras y nuestros padres también. Se realizó mi ceremonia, cantamos el himno nacional y luego el de Mundo Libre. Las palabras de la psicóloga con un pequeño resumen de mi proceso en Mundo Libre, las palabras del personal, profesoras de talleres, las educadoras, la trabajadora social.

Luego llegaron nuestras palabras, en realidad soy llorona cuando hablo y ese día no lo iba a evitar. Hablé, dije lo agradecida que estaba por todo lo que habían hecho por mí, dije cosas del corazón que sentía en ese momento. En realidad, mis hermanas habían practicado con un papel, pero lo mío fue improvisado. Veía en ese momento como mi mamá lloraba agradeciendo a Mundo Libre por el gran apoyo que me habían dado.

Ya ha pasado un año desde que salí de Mundo Libre y decidí escribir parte de mi vida en este libro con motivo a que la persona que lo esté leyendo sepa el proceso que atravesé. Esta vida no es fácil, pero he aprendido que todo se puede. Yo pude y ahora puedo decir que vivo en un mundo libre, estudiando y trabajando con lo aprendido en el instituto que me permitió ser mejor persona, dejar mi pasado atrás y vivir mi futuro con esperanza.

Conclusión

La vida que voy a empezar no será fácil; para eso te prepara este instituto, para que demuestres en la calle lo aprendido. La vida no es fácil, siempre habrán personas que te criticarán...no les digas nada, solo demuéstrales que sí has cambiado. Aunque en realidad no tienes que mostrar tu cambio a nadie, demuéstratelo tu misma y créetelo tu misma! Eso te ayudará. Recuerda que tu eres especial y valiosa! Respétate y ámate, porque si tu no te amas y te respetas, nadie lo hará. Gracias a las personas que van a leer este libro. Todo es real y cuando lo lean, quiero pedirles que no juzguen a nadie, porque esa es la realidad en el mundo. Tampoco quisiera que me alaben diciendo "que chica mas valiente" o preguntarse "¿cómo lo logró?"; solo les diré que nada fue fácil pero que todo se puede con voluntad y con el amor de Dios.

El terror de mi vida… el capítulo que cerré

El infierno que iba a empezar… llegó a su fin

El sufrimiento de mi madre… se ha convertido en felicidad

Todo terminó a los 16 años empezando una nueva vida lejos de las drogas, encontrando la salida, teniendo el poder de realizar mi vida sin recordar mi pasado y continuar mi presente y tener un buen futuro…

SIN CONSUMO Y UN MUNDO LIBRE...

IML

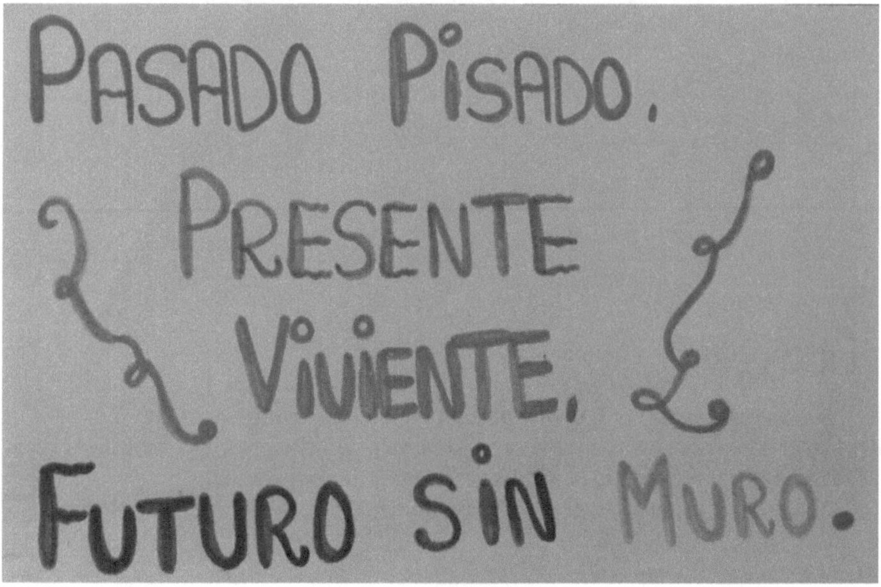
PASADO PISADO,
PRESENTE
VIVIENTE,
FUTURO SIN MURO.

First Printing: <2015>

ISBN < 978-1-329-20900-8>
<Lima>, <Peru>

http://www.mundolibre.org.pe/